DELICIAS AMARGAS

Lucía Hernández Rodríguez

COLECCIÓN ITES

DELICIAS AMARGAS

© Lucía Hernández Rodríguez
© Corrección ortotipográfica: Isabel Caballero
© de esta edición: Olé Libros, 2025

ISBN: 979-13-87620-10-3
Depósito legal: V-93-2025
Impreso en España

KALOSINI, S. L.
Grupo editorial olélibros
equipo@olelibros.com
www.olelibros.com

A la persona
que me ha guiado durante esta travesía.

Gracias por todo.

Una pizca de dulzura es aquello que torna la amargura
en excitantes delicias.

NOTA DE LA AUTORA

Yo no creo que el amor sea quedarse a pesar del daño. En mi caso, lo definiría más como *vulnerabilidad, incapacidad de huir.* Porque sí, es aquello que se te enreda en la muñeca, apretándola cada vez más hasta que te encuentras de nuevo con tu principio, que marca el final.

Me sumerjo cautiva en besos endulzados y al morder sus labios comprendo que el azúcar de sus comisuras no era más que polvo amargo. Aun así, decido quedarme, aunque queme mi garganta. Vuelvo a morder la manzana como digna hija de Adán y vuelvo a apretar el gatillo de la ruleta con una vana esperanza de que esta vez no me perforen sus balas.

Me atraganto con un futuro que del presente no cruzará línea, rogando que dejes seco mi cuerpo y arrugues con tus dedos mi alma aparentemente hidrófoba, mientras escucho las burbujas que suspira su naufragio.

Mi estómago lleno con placeres efímeros de los que cualquier hedonista renegaría, expertos en carcomer mi interior cual termita en madera o cual soledad en algún pobre desafortunado. Y aun con las papilas gastadas —magulladas, rozadas incluso—, mato por volver a saborear ese néctar letal.

Ruego que me viertas de nuevo tu jugo en mis heridas y me laves las lágrimas con alcohol; que me claves tus espinas, que deshagas con sal el hielo de mi corazón. Te pido, y te pediré mil veces más, que me tornes de color purpúreo al probarte y que me sigas convenciendo de que ese azúcar tan tuyo sabe a limón.

PARTE I: AZÚCAR

Siempre tuve debilidad por lo dulce, por esa pizca de azúcar que adornó y suavizó mi sencilla vida, carente de sabor. Mi rostro se iluminó cuando sostuve el helado como una niña pequeña. Ciertamente, no pude evitar lamentar que se me derritiera entre las manos. Hube de disfrutar cada pequeño roce de mi lengua con semejante delicia y contemplar cómo se esfumaba frente a mis ojos, mientras me esforzaba por entender que no había más remedio que aceptarlo.

En cuanto aquello sucedió, parecí añorar su sabor entre mis labios —incluso cuando sabía que propensa a una caries era y que, sin duda, no era lo más sano— y noté cómo el paladar se me resecaba, mientras el helado seguía fundiéndose sobre la acera.

A ellos, que ahora son un bote hueco de endulzante guardado en el fondo de mi armario.

OTOÑO MARCHITO

No comprendía el porqué
y no trataba de comprender por qué jamás comprendería
aquello que creí siempre comprender.

No comprendía el porqué de los sucesos,
ni el porqué de sus palabras frías;
de sus caricias —ahora lejanas—
que se burlan de mí, realidad hastía.

Tampoco comprendí jamás
cómo, hueco, su corazón latía:
cómo bombeaba sangre y promesas
que juraban un amor con garantía.

Garantía nula, véase pues;
terminé sedada por las seductoras palabras
que pronunciaba un alma que jamás fue seducida.

463

Suelo lamentarme por aquello que escapa de mi alma,
por aquello que no depende más que del azar;
por aquel revólver que yo misma cargué con seis balas
y por aquel gatillo que juré algún día apretar.

Por aquellas palabras que de mí brotaban sin esfuerzo,
cargadas —pareciese— no sabiendo
que, balín de plomo, carne no duda en atravesar.

Me lamento por aquella diana, blanco de ciegos pesares;
por aquellos surcos que hoy lucían curados.
Pobres de ellos sin saber que el metal en alcoholes baño.

Séptima ilusión

Nunca esperé ansiar el tiempo helar
hasta que el reloj de su pecho marcó el final
de lo que juré percibir como calidez eterna.

Una calidez que acarició cada pequeño y oscuro hueco
perdido entre los recovecos de un alma, por poco vacía.
Efímera calidez que besó las heridas abiertas
con dulces, si bien no empalagosos, labios de lavanda.

Y cuando nos desprendimos de las telas
que nublaban nuestros sentidos,
sentí aún más su calidez danzante,
motivo de mis delirios.

VICIO

Imprudente fue pensar que una misma cerradura
pudiera abrirse con dos llaves diferentes.
Llave de plata, de oro,
de hierro, de acero.

Imprudente fue pensar que hubiese
tan solo una misma cerradura,
en primer lugar.

Tú buscaste tu felicidad en la imprudencia
y yo la busqué en la ignorancia.
Era cuestión de tiempo que nos encontráramos.

Construiste un presente conmigo
por no recordar tu pasado
y yo, tan ilusa,
lo creí con futuro.

Me hiciste llave a golpes
sin preguntarle al cielo
si quisiste haberla abierto,
y, claro, no se te dio bien jugar a ser cerrajero.

Menta

Tarde inferí.
Tarde comprendí que sus palabras no fueren más que traviesas agujas,
poco más que nubes de polvo arrastradas por el viento,
o, quizás, un sentimiento que ocultaste no sentir.

Fuiste aquel puñal que me rasgó vilmente
abriéndote camino desde dentro de mí una vez entraste,
maquillando con adorables promesas todo aquello que entonces acontecía.

Y tarde me formulo la siguiente pregunta:
¿por qué si tus ojos brillaban de quererme,
tan pronto su mirada se pierde y nuestra historia olvidas?

Corazón en quiebra

Cambiaste el azúcar por sal
y envenenaste mi amargo corazón
con nocivas falacias.

Me vendiste acero dorado a precio de oro
y juraste entregarme un amor
que nunca llegó a calcinarme.
Me vendiste cristal por diamante
y roca pizarra por mineral.

Te refugiaste en vagos «te quiero»
a ver si así te querías más,
habiendo encontrado motivo de estafa,
creyendo que tus riquezas
serían más que papel de fumar.

Imprudencia de lo irracional

Si imprudente es desearte
que Dios perdone mi pecado;
pecado dulce, salado,
amargo y, quizás, agrio.

Y es que escapas de todo aquello que la vida me da a entender:
tan pronto me cubres de nieve ardiente
y en mi mente revoloteas aún sin alas,
como besas mi alma con palabras jamás pronunciadas
y me enciendes con sagaces pero ciegas miradas.

Si imprudente es desearte
bien tenga Dios sabido
que el Infierno invierno es
para tal de sangre río.

Sedentarismo

Maltraté a tu ausencia a ver si gritaba
y ahogué a mis poemas para dejar de sentir.
Cosí a ciegas en tu piel mis mordiscos,
y cuando volví a tener hambre ni cuenta me di.

Gasté tinta en amores pasajeros
y tiempo en un desenlace que alguien ya había escrito;
dejé seca mi boca con tal de humedecer la tuya
y parí en ella un mar manso, sumiso.

Contaminé tus olas con mi perfume
y teñí tu horizonte de rubios cabellos.
Giré el timón de mi vida, toqué tierra
y tu espuma se esfumó cual destello.

SOBRIEDAD DEL AMOR

Bailemos cual borrachos, ebrios de amor;
gritemos cual locos y admitamos que nuestra pasión carece de cordura
cuando cantemos cual ruiseñores, que vuelan y vuelan en fantasías.

Ven y aletea y ábrete paso a mi lado
a través de un mar de ilusiones que a nuestra razón inunda;
ven y corre y siente cómo el viento agitado
enfría todo aquello que nos sume en la penumbra.

Y cuando baile y grite y cante
y aletee y nade
y corra y sienta,
te pediré que tomes lo que es tuyo
esperando a que, de nuevo, *tomes mi corazón.*

Escribir(te)

Y de nuevo en sus brazos enredarse
y hacerse nudos y tensarse;
de nuevo sentir su dulce néctar
cómo de ríos corre por mi piel.

De nuevo besar un anhelo fugitivo,
el cual de esfumarse helado fue maestro,
y de nuevo me arrebatas el calor que huye
y corre y se funde en mi memoria.

Punzante indicador marca el final
de toda pasión que mi cuerpo retiene.
Dime que si paro el tiempo
pararás conmigo.

Mis sentidos te buscan a mis espaldas
y te alaban, lujurioso enfoque.
Dime que, si no veo más allá de tu alma,
ella me verá consigo.

DUELES

Son los cristales que por mi mejilla corren
los que hoy te escriben este verso;
son los besos que vilmente eludes
los que advierten un romance incierto.

Acercaste tu lejanía a mi corazón
y lo rasgaste con sus dedos;
quemaste con tus frías palabras
un alma de vidrio, de acero.

Siento haber sido tan fino papel:
tan frágil, y a la vez áspero;
siento haber sido tan filoso objeto:
tan suave como lancinante.

Y siento haberte dado el mechero,
la llama y la chispa;
el motivo, quizás,
por el que en ti me derrito.

Turismo, sin más

Y así, sin más, te fuiste.
Te fuiste con un viaje que
yo pagué, corriendo
en caminos que yo construí.

De palabras taxi te lleva
hasta embarcar aviones sin destino,
sentado junto a los besos
que me atreví a negarte.

Sabes que son mis dudas
las que pilotan el fracaso
y así, sin más, ignoraste
los heraldos, turbulencias.

24 MG DE CAFEÍNA

Nunca me gustó el café amargo:
el café frío, solo, sin azúcar.
Nunca me ha gustado el café
en general.

Y, sin embargo, me ahogaría
en las dos tazas con las que me exploras.
Endulzante natural a mi café puro.

Y a enormes sorbos bebería
tus cálidas miradas que revuelven
terrones de azúcar moreno, oscuro.

ARENA

Desearía haber escrito tu risa entre mis versos,
desearía haber fotografiado de tu mirada atardeceres,
desearía haber podido custodiarte una noche más.

Anhelo que tras un horizonte la luna no se hubiera perdido.
Aquel, del que mis ojos más allá no alcanzan.
Perdimos el testigo de nuestro desvelo
que a callar obligó a mi alma.

Entre mis sábanas guardaría cada segundo,
cada minuto y cada caricia,
cada suspiro,
si no me resbalasen
entre los dedos.

AGUA

Deslicé su filo por todo mi cuerpo;
por mis venas y por mi pelo,
por mi cadera, por mis anhelos,
huyendo del seno de tu prisión.

Perdí por miseria mis alientos;
mi fuerza y mi cordura,
mi valentía, mi ternura,
rompiendo las fotos que mi alma tiñeron.

Estiré el hilo con que rodeaste mi cintura,
de roja cadena perfilaste mi contorno y
mordiste mis labios,
sellado eterno.

Deslicé su filo y corté tu cordel.
Perdí los latidos que apagaban
mis días, de Goya dignas pinturas.
Reniego oír aquello que me deleitaba.

En definitiva, reniego de ti.

SONETO A UNA SILLA VACÍA

Escucho tu rosa aún entre mi ramo,
tus ojos encuentro en oscuridad
y como síntoma de necedad
desde que partiste tu alma reclamo.

Un frío beso y otros cuántos «te amo»,
hastío de efímera intimidad,
burla mis anhelos con mezquindad
repitiendo que la manzana lamo.

Con cuerdas de nuestro pasado tiro
y con furia tacho nuestras historias,
que acababan siempre en punto y coma.

Con tus labios mis sonetos inspiro,
de rima imperfecta, como nosotros,
que temimos el futuro que asoma.

UN VERSO IMPOTENTE

No traté de hacer fuerza,
ni de apretarte entre mis manos.
Ni siquiera de cerrar mi puño.

Tampoco traté de ser la presa
de tu indomable río y dejé
que te llevase la corriente.

No traté de hacerte sésil estrella
sabiendo que fugaz eras y acepté
que en el conticinio te observo
mas te pierdo por no ~~poder~~ querer tenerte.

CREERME CONTIGO

Miro al techo y te veo en la pintura
y te pregunto qué es lo que he hecho mal.
Reniegas de mí y te escapas por las grietas,
por los rincones donde no llega mi soledad.

Miro nuestras fotos y tus ojos me recorren,
me juzgan y se mofan de mi pesar;
recortas mi silueta de la tuya con palabras
que me perforan, cruento puñal.

Miro el caer del agua por tu espalda,
las frías gotas por tu pelo resbalar,
y observo mi sola persona en la mampara,
descuido que atribuiste para huir señal.

Miro tu sombra aun en la luz
y escucho entre tus dientes mi nombre silbar.
Corro a abrazar un aire que
se esfuma, burlándose de mi ingenuidad.

¿Y sabes por qué?
Porque te miro, creyendo que estás.

TU CALMA AZUL, AMARILLO MI ANHELO

Es curioso cómo cuando trato de dormir me acuerdo de su sonrisa;
aquella pícara, pero en el fondo indefensa
sonrisa que esboza con tanta elocuencia.

Pareciese que cuando más rondas mi mente
es cuando trato de subsistir sin tu presencia.
Entiéndaseme, pues, que por mi mente vagas cuando menos me lo espero.
Llegas y te posas con descaro, observando cómo cedo.

Tu recuerdo de nuevo en sinapsis es experto, me mira
y de pronto tu rostro sin aliento me deja;
es el beso dulce que no empalaga,
o quizás es la luz verde que a mi corazón da salida.

Escarnir

¿No sería descarado constatar que tu voz me es indiferente?
Caprichosa afirmación carente de sentido alguno,
que no por repetirla en verdad se torna
y no por evitarla entre mis pensamientos se desvanece.

Sería irónico,
incluso ridículo, si me permites,
decirte que tus abrazos no son más que un contacto vacío
sin magia alguna ni sentimiento,
sabiendo que mis penurias hacen danzar.

Y ya, ¿para qué esforzarme en decir que en tu sonrisa no me quedo absorta?
¿No sería mejor dejar estos juegos
en los que finjo que no despiertas una emoción que se hallaba remota?

DE AMOR ARCILLOSO Y ARTISTAS FRUSTRADOS

Pareciese que su mano hecha a la mía estaba;
que sus dedos quedaban a los míos tan bien enlazados
y que mi piel para sus caricias había sido tejida.

Pareciese que sus brazos para sostenerme habían crecido
y que sus piernas serían el mejor asiento
que ningún carpintero pudo nunca fabricar.

Y pareciese que sus pupilas solían dilatarse para mi cuerpo
y que me recorrían y recorrían sin descanso alguno,
sabiendo que para él yo *estaba hecha*.

Porque pareciese que sus labios habían esperado tanto a los míos
que serían capaces de amenazar al tiempo,
tatuándome con sus agujas, congelando el momento.

Abre las cortinas y sube mis persianas

Déjame decirte lo que creo que ya sabes:
déjame decirte que una ilusión extraña en mí despiertas
y que de una interminable siesta a mi niña levantaste.

Déjame decirte que nada se siente tan cálido
como el manto de besos que sobre mi cara tiendes;
déjame decirte que nada más cómodo es
que sobre tu pecho hundirse.

Pero, en fin,
déjame decirte lo que creo que ya sabes:
no quiero dormir.

RECÍPROCO

Rueda y rueda y ronda mi ruidosa mente
y ríe y ruega mi atención;
ronda el recuerdo de tu mirada ardiente
y revolotea en los recovecos de mi cajón.

Ronronea cual felino y araña sus paredes,
rigurosamente raya su madera y aguarda
con rencor lo que repetí tantas veces
que iría a suceder: rompe caja parda.

Rueda y rueda y escapa de mis manos.
Se pierde, regresa, vuelve a volar;
se posa con desdén sobre mí cuando exclamo:
«Tarde o temprano, vas a retornar».

Lentes de utopía

Dancemos al son de veinticuatro canciones
y dejemos que tu cuerpo al mío se entrelace
y que, entonces, me concedas un último baile.

Que me concedas un baile lento al son del mar rumor,
dibujante de perladas guirnaldas en los cielos.
De solfear y componer acordes maestro es el viento
que juega con tus rizos de carbón.

La arena bajo nuestros pies sostiene nuestro futuro
y la sal condimenta un pasado hastío.
Abro los ojos y maldigo
antítesis de insomnio.

Y ahora yo, poetisa sin remedio,
te pregunto —retórica cuestión—
si quisieras soñar conmigo.

Eres tú

Es tu aliento el que en mi nuca se posa
y es tu amor el que al milímetro tallado se encuentra;
es tu mano la que en la mía encaja
y es tu sabor el que mi lengua goza.

Es tu mirada la que mi fragilidad percibe
y es tu caricia aquello que me recompone;
es tu palabra la que mis fragmentos recoge
y es tu calidez aquello donde mi arreglo reside.

Es tu recuerdo el que mi mente ocupa
mañana, tarde, noche, en vela quedo;
ocupó ayer y ocupará pasado
pues sabe que en mi posada tiene hueco.

CIRCUITOS ABIERTOS, CORAZÓN EN PAUSA

Las estrellas están cansadas
de amor escuchar mis delirios,
y la plañidera primavera se estremece
fruto de arrebatar su terso pétalo.

Mi cama está aburrida, incompleta,
si no te extiendes, si no te ciernes en ella;
hastiada de almohadas que escuchan, desdeñosas,
un pasado que entre sueños trato de esposar.

Mi corazón echa de menos junto
al tuyo latir con ansias y
mis brazos buscan tu pecho,
tu rostro, tu cuerpo.

Entre hilos pasiones

El recuerdo de tus memorias llevo sobre mi piel
y el calor de tu historia mi cuerpo recorre;
entre meras telas se camufla el amor
que viene escrito en tus labios de miel.

Y ojalá poder coser tu camiseta a mi alma,
pues a ella le queda mejor que a mi torso;
y ojalá poder dormir eternamente con el pijama
que con cariño se me adhiere, de ardor pegamento.

Lamento cada momento que pasa en tu ausencia
resguardándome entre un algodón
que, junto con mi ilusión,
tu dulce abrazo simula.

Confecciona un par más de esos besos:
esos que tan bien me sientan.

¿TE HAS FIJADO, MI AMOR, EN QUE SOMOS LITERATURA?

Escribo mil historias de amor
esbozando tímidas sonrisas
consecuencia de mi protagonista.
Se cierra un capítulo y comienza otro nuevo;
se escribe una coma o un punto y seguido;
se cambia de escena, de tiempo y acción.
Eres tan intrigante planteamiento
como nudo controvertido
y, si me lo permitieses,
un desenlace cerrado.

Escribo nuestra historia con las manos firmes,
con sutiles trazos sobre el papel.
Déjame ser la tinta que nos relate
para que, a diferencia del grafito,
no pueda borrarte.

ECOS DE UN POEMARIO INACABADO

Y aún quedan las migajas
que muerden mi conciencia
masticando mi sosiego.
Queda un ruido que
se pierde en tus besos
y cuanto más me acerco
más lejano se vuelve.

Queda tu silueta que
me asfixia con su esbelto
dedo y huye, fluyendo
por los rincones de mi cuerpo
en los que nunca autoricé tu pisar.

Queda tu perfume de jazmín
que hastío se me antoja y
queda nuestro campo de girasoles
que ennegreces con tu sombra.

Aún me quedaba una página
sobre la que cerrar capítulo
del libro que, no sé si por
venganza o por pesar,
decidiste empolvar en tu estantería
tras haber desgarrado su final.

El costurero de Cupido

Me enredo en el rojo hilo que tu mirada me cose;
me clavas tu aguja y comienzas tu obra.
Me ahogo en promesas y sueños que
me bordas al corazón.

Ojalá ser la costurera que guarde tus paños,
el dedal que proteja tu mano,
la caja que guarde tu anhelo.

Ojalá ser la más preciada costura que tus dedos tejieren,
un cuadro que colgar sobre el cabecero
que escuche lejano tu pesar.

RENACER

¿No te cansas
de suturar las heridas
sobre las que tanta sal
he vertido?

¿No te cansas
de dotar calidez
a un cuerpo
que yo misma enfrío?

Vierto sal sobre mis campos y aguardo,
desdeñosa, a que nada vuelva a crecer en mí;
caprichosa expedición al Polo Sur en la que me embarco
esperando helar aquello que mi mente calcina.

Vienes y plantas sobre mí un hermoso jardín
que riegas día a día y cosechas sin cesar;
apagas mi fuego y me envuelves en el tuyo
que, lejos de quemarme, incuba paz.

Turmalinas

¿Qué más puedo decir de tu mirada?
¿Qué más puedo decir de la manera
en la que me recorres con tu perlada
pupila, brillo obsidiana?

Tan dulce y tan salada,
tan tímida y tan desvergonzada,
tan pícara como sensata,
tan humilde, o inapropiada;
tan segura, que me siento como en casa y
tan peligrosa que pude sentir
cómo a Nápoles viajaba.

Antología

Seremos la más compleja metáfora
jamás compuesta y jamás seremos
las rimas libres que hoy compongo.

Seremos el más perfecto soneto,
aquel que entendido no sea por el mundo y
seremos mil historias que decoran
mi vacía, cansada librería.

Decora mis memorias y mis miedos,
encubre mis temores y enuncia,
caprichoso, un tema que llena
un alma que ya había pensado en renuncia.

Y DE NUEVO ALETEO

Asfixiadas se hallaban
regocijadas entre de vidrio paredes,
tendidas en un fondo que pareciere
que con el tiempo se distiende.

Faltas de aire, incompletas,
incomprendidas, inútiles,
incapaces, imposible vuelo.

Tomaste aquello que mi jarra
aislaba, y diste a mi interior
mis mariposas, mi corazón,
el oxígeno que tu perla bombea.

ZIRCÓN

«Mírame a los ojos»,
me dices, tan dulce tu voz.
«De ternura peca tu inocencia»,
pienso, mientras ignoro tu petición.

«No te miro por miedo»,
contesto y noto tu mirada
clavándose con duda en mi rostro.
«¿No me miras por miedo?».

Me aterra el quedarme atrapada
en tus embriagadores ojos zircón
y enamorarme más de unas pupilas
que ansío no concebir nunca extranjeras,
separadas por el mar del olvido.

Punto final

Y así, de pronto, tus manos
se sintieron desconocidas,
heladas, frías.

Comprendí que nuestras pieles se juntaban,
pero esta vez no sentí tu tacto en mi alma.
Anhelé retroceder el reloj que decoraba mi cocina,
testigo de risas, bailes y miradas;
testigo de desastres, de inexperiencia síntoma.

Tus ojos me persiguen por la habitación
en inmortalizadas memorias que guardo
cual niño —creyendo que así igual no existen—,
en mi escritorio, ciego cajón.

Y así, de pronto, valoré un polo
en tan desenfrenado desierto
y negué tu tacto:
preferí el del viento.

Y así, de pronto, aprendí
a abrazar a la vida que vino
al invocarla susurrando tres veces
que mi futuro no era contigo.

Tú, VERSO LIBRE

Podría haber sido consonante
para buscar consolarte
con palabras que no consuelan.
Y podría haber sido la rueda
de bicicleta que asfalto quema,
mas vas corriendo,
quemando con el asfalto tu suela.

Podría haber sido un verso que lees
tumbado mirando estrellas,
buscando en el fondo poema
de vacías de vidrio botellas.

¿Y de qué me sirve ser rima,
rodar con tu cuerpo,
ser sonetos que escribo,
futuro que anhelo?
¿De qué me sirve,
si vivo en metáfora y tú,
tú vives en vida?

Hoja caduca

En un purpúreo horizonte se dibuja tu mirada
sobre una capa salada de inocencia,
bajo un manto de juventud estrellado.

Rodeada de bandadas de mentiras
que dibujan estelas de pasión.
La misma que se llevó.
Esa. Esa misma.
La misma que se llevó
el tiempo, posando navaja en mi cuello,
posando bomba en mi pecho,
a ver si mi corazón por ti dejaba de latir.

Y sin activar la bomba,
sin deslizar su filo,
su presencia marchitó el jardín
del que alimentaba mis mariposas.

Hundirse en su costa

Aún recuerdo los suspiros que se esfuman.
Un velero perdido
que deambula por el mar.

Y recuerdo su partida;
valiente confianza, veleidosa,
que impidió un seguro anclar.

Algo, no sé muy bien el qué,
que nos evitara naufragar.

Una chispa, un ápice de química

El color de sus ojos era ajeno a mí,
mas mi mente aún percibía
la calidez de su mirada.
Percibía el brillo, el abrazo y los besos
que a mi alma sanaban.
Percibía la profundidad con la cual
su incertidumbre se clavaba en la mía
y la desnudaba, dejando mis temores al aire.

Percibía la más suntuosa melodía
emanando de un viejo tocadiscos
que de tantos romances fue celestino,
el olor del perfume que mi chaqueta inundaba
y el ardor de sus labios enredándose en los míos.

Percibí todo lo que él ya había percibido
en mi alma, aparentemente, *imperceptible.*

Profilaxis

Mi corazón solo una casilla mueve.
Aguarda, quieto, sus latidos decrecen.
Con agudeza muevo mi alma, derecha;
mis labios, siguiendo de color tablero;
mi mirada, mi risa, peón que cedo.
Un golpe seco tiñe la escena y perecen
mis —mansas— defensas, de madera en el suelo;
mi áspero alfil, de frente a los tuyos;
mi alma, perdida, a medio camino.

Mi corazón mueve una sola casilla
y espera, sésil, un caos, un desastre
que le sugiere premonición de jaque mate.

PARTE II: LIMÓN Y SAL

Nada peor que notar constantemente un sabor amargo o extremadamente salado en la boca, de esos que te erizan la piel. Buscas agua para maquillarlo y te das cuenta de que eres un desierto, una sequía.

Aprietas el limón sobre tus heridas, las cuales vuelven a escocer, y viertes sal en ellas hasta que te estremeces. Pareciera que tus manos no dejan de exprimir la fruta y, de alguna forma, el jugo no cesa.

Sigues, impidiéndote cicatrizar; quemas tu piel y arrugas un templo cuyas puertas no habían de cerrarse hasta que llegaste y diste un portazo. Un golpe seco.

Amé algo que no existía y me convencí de que me amaba a mí, y, al final, le di mi vida con tal de escuchar su voz solo un rato más. Me voy de mí misma con tal de no dejarlo marchar.

CLAVE DE SOLEDAD

Y dubito, sola y perdida,
esperando hallar una razón —sin garantías—
que me dé vía libre,
que me deje marchar.

Y que me deje buscar lo que en mí nunca encontré,
y buscar y buscar y seguir buscando,
y hallar las razones fruto de mi soledad.

Y que me deje besar sus labios secos, fragmentados cual vieja lava;
que me deje besar y soportar la presión que a mi capa tienta
y que me deje no hundirme en un sinsabor, olor a menta.

Que vuelva redonda la esquina
en la que con *ella* me fundo y
que me deje marchar
sin percibir que no me hallo completa,
mirando atrás, deseando
que en lo profundo se desvanezca.

Díganle a esa soledad, presuntuosa,
que a mi arpa le quité las cuerdas.

Poder matar lo vivido

Dicen que la experiencia hace al maestro.

Dicen que un caminante tropezó por muchos caminos
y que un buen escritor papeleras llenó de historias frustradas;
dicen que un músico incontables veces hubo de desafinar
y que un buen pintor más de un lienzo estropeó con incompletas fantasías.

Prefiero ver a alguien con heridas que se encienden cuanto más se aleja,
a alguien con rasguños de tinta que en su mente graban palabras vacías,
a alguien cuya alma una melodía es inacabada y carente de ritmo,
a alguien cuyo corazón es una lámina en blanco, alejada del color de la vida.

Dicen que la experiencia hace al maestro,
mas, ¿no es, de igual manera, aquello que nos hace miserables?

ÍNDICE, OBSCENO

Mi mente aprisiona el recuerdo del frío en mis huesos,
del hierro jugando en mi carne,
de las lágrimas en mis ojos,
de mí en el agua.

Mi mente aprisiona la memoria de apagados aquellos días,
de innumerables suspiros,
de moratones sin previo aviso,
de mí en soledad y angustia.

Aún soy presa de un rencor que a mi mente le guardo
por dejar que parte de mí se perdiera al aprender
lo que en un principio nunca debí haber aprendido.

CAÍDA LIBRE

Sentía cómo mi corazón en mate tornaba,
sentía cómo perdía aquel caprichoso ritmo
                [que marcaba el compás de mis vivencias,
sentía cómo había sido apuñalado
                [por un arma blanca que penetraba su coraza.

Sentí de nuevo cómo mi bombilla se apagaba
y sentí que esta vez no habría recambio alguno;
sentí de nuevo aquella sensación de perderme en un laberinto
y bien sabía que sentí que esa vez del camino me olvidaría.

Creí encontrar un recambio en el suelo de mi baño
y un mapa oculto tras un reflejo que aborrecía;
creí que un número mi consuelo supondría
y que mis penas con ese remolino en paz se tornarían.

Sentí, pese a su aparente, ideal ironía,
cómo a la Muerte atemorizaba mi vida.

El abismo es más cálido

El buscar paz en un infierno
danzando de la mano de un engaño
que con mirada ferviente penetra en mi alma.

El buscar esperanza en mi inframundo
resbalando sobre falsas promesas
que aún más profundo me dejan caer, apenas sosteniendo mi cuerpo.

El buscar remedio a lo incurable,
respuestas a afirmaciones,
sentido a las emociones
que corrompen mi mansa visión.

Y, dime, si le encontrase sentido a danzar con el Diablo
y a que me arrastre consigo y me embauque,
¿callaré así mi trueno, si me sumerjo en su tormenta?

Reflejos opacos

Suspiros ahogados exhalo en silencio,
llantos amargos compongo en silencio;
en silencio aprieto aún más la soga que
en silencio abrasa mi piel.

Un sinsentido es tratar de romperla,
lacerarla con veloces amenazas
con las que, con descaro, compone cruel sátira.

Un sinsentido es tratar de escapar
de aquello que por mis venas entra
y trata de callar eternamente mi sangre.

Me torno en *humo* dorado, en *polvo*, me desvanezco;
me pierdo en anhelos, vuelvo, desaparezco,
sin esperar encontrar una sombra en el espejo
que no se burle de mi greguería.

Pero ¿cómo no burlarse, si creí que el mundo algo me debía?

PENDIENDO

Vacía, hueca, abandonada,
sola, triste, en un lugar polvoriento,
rota, perforada, desolada,
maltrecha, respiro aun sin aliento.

Cansada de jugar a piratas que buscan un tesoro oculto,
harta de buscar consuelo en conspiraciones falsas estelares,
hastiada de tratar de silenciar mis recovecos oscuros
como si eso en corazón surtiese efecto de calmante.

A punto de alzar mi pañuelo perlado,
a punto de correr mis sedosas cortinas,
a punto de gritar todo aquello silenciado
y a punto de mezclar alcohol con mi medicina.

Y es que la gravedad hoy me atrae con más fuerza,
y de pronto los hombros pareciese que me pesan;
mis pies se arrastran con torpeza
a través de un manto que se hunde con mi pisar.

ASFIXIA

El río de mis ojos pesa
y la daga en mi garganta arde;
el humo de mi alma el recuerdo nubla
y en mi herida aún escuece.

En su caudal ahogada me hallo,
llevada por la corriente que
arrastra mi mente y fluye
caprichosamente en un valle desierto.

Mis pulmones ya no sé si inundan
los nudos o las gotas,
la impotencia o el desconsuelo,
el gemido o el grito en silencio
que pronuncio en soledad.

Mis ojos ya no sé si guardan
el hastío o las odas,
el cansado sueño o el desvelo,
las vidrieras con las que hacer comercio
que conforman piezas de colección.

47 BARROTES

En amargura me torno al recordar su sabor y
en mar me torno al reflejarme en su brillo;
en circuito mi mente de números torna y
en prisión mi ilusión se convierte.

Su agridulce puñal sigue en mi piel clavándose
mientras lo empujo hacia el corazón y me inundo
en un utópico futuro que me cautiva.

Sus llantas desgastan con fricción mi mente
mientras corren en círculos delimitando un área
en la que construiré los barrotes que me retengan.

Un haz en mi tiniebla

Por mí corren de agua hilos, papel secante del alma,
y arde un pasado que cual llama anhela ondular.
Con todo, creí en haber apagado una hoguera
y creí en no creer en el devenir.

En la oscuridad hallo la luz que me arrebataron
y en el fondo lleno sin aire mi pulmón;
ansío recomponer la salud de una piel plomiza
golpeando sobre su moratón.

Por mí fluyen rocas, hirientes cantos,
que rasgan con sutileza mis recuerdos,
que asolan con ternura mis deseos,
que matan con amor mis adentros.

DE COCHES SIN FRENO
EN ROTONDAS SIN SALIDA

Y al final la aguja marca la misma posición
sea de día, de noche;
sea mañana o ayer.
Corro en círculos buscando un desvío
en torno a un centro que me atrae,
en torno a un áspero cordel,
rayada peonza.

Dejo mi vida en el camino por
ver si aligero mi torpe, manso paso.
De mi bolsillo felicidad resbala
y con mi suela la deshago.

CAMPO DE ROSAS

Mi aurícula hoy bombea carmesí flujo
con más fuerza y espera a hundir
mi pecho, que soporta dolor aunque supo
cómo el látigo él había tomado.

Azota mis intentos y deja rozaduras
en mis deseos, en mi felicidad actúa
cual caballo troyano, en mis lágrimas
posa sus gélidos labios.

Ama mi temor y besa mi miedo;
se entrelaza con mi aflicción,
seduce con su veneno a mi llanto.

Rompe el espejo que ha deformado
y los números que se atrevió a inventar,
buscando estándares no creados —sin vergüenza—
más que por su descaro.

LABIA DE NEGRAS CAPAS

Solo me da vida lo que me la quita.
Me recompone lo que me destroza
y me incita a respirar su esencia,
que de negra humareda mi arteria inunda.

Solo me da vida lo que hoy me mata,
lo que hoy me grita y lo que ayer maltrata;
lo que me seca las lágrimas del rostro
sosteniendo entre cruenta garra áspero papel.

El dolor no se fue cuando tú lo hiciste
y preferí su compañía mucho más
que la de la locura eterna que, como si
de alcohol tratase, me embriaga el alma.

Medícame más con tu antidepresivo deprimente.

De cerillas consumidas

Voy quemando los desastres
de un pasado irreparable y voy
apagando ilusiones con incandescentes
llamas que de mis dedos las yemas arden.

Burlesca chispa que perdí de mi semblante
que de sátiras es digna ríe: «Soy
aquello que no ama más que ennegrecerte
aprovechando que tu flama ausente buscas».

Tiranía, cansancio, aflicción

Sabor por mi garganta dulce se desliza,
por mis venas filtra y en mis dedos se implanta;
en mis ojos que lloran sin derramar lágrima
esconde la identidad que enmascarada suplanta.

Sabor que aborrezco que clava en mi tráquea,
mis huesos empuja y mi corazón desplaza;
grita sobre el silencio de mi boca sésiles cuerdas
presagiando destino que el respeto aplaza.

Sabor que me mata y trago y bebo y
me ahogo y nado y salgo y me hundo.
Absorbo su veneno por mis capilares,
me sumerjo en el absurdo.

Sogas vaporosas

Ahí estaba cada vez que me caía:
cada vez que surgía una nueva herida,
cada vez que me perdía en ilusiones vacías.
Y ahí estaba cuando en mil pedazos me descomponía,
cuando deshidraté y maté a mi cuerpo en vida,
cuando enterré lo que dentro de mí ardía.

Ahí estaba para pisotear mis intentos
de puntos tapar los cortes que surgieron
cada vez que no me encontraba a mí misma.

Y ahí estaba para robar cada mísera parte
que lloraba y gritaba bajo sus pies
aporreando de madera gélido prisma.

Agarrando de nubes sus manos,
rasgó mi brazo hasta su abismo
y jamás escuché
en el fondo golpe sordo.

TU CÍNICO AMOR

Mi cigarro lleva tu nombre
escrito entre su ceniza,
encendiéndose con cada chispa,
irónico símil.

Recupera brillo y se desvanece
y mata mis adentros con tal
de buscar otra mecha que garantice
que de amor me matas.

Antítesis de hedonista
que en dolor halla la vida;
viciosa, imprudente,
ahogándome en exceso.

¡Dichoso sentimiento!
Abrázame,
solo un rato más.

MUDO PESAR

Fui juzgada de loca por quienes
no escucharon mis gritos y fui
tachada de mentirosa cuando en la mano
corriendo iba mi perla escarlata.

Fui juzgada porque no la vieron
palpitar sobre mi palma temblorosa,
síntoma de un homicidio
por el que no quedaba más que luchar.

Fui juzgada por mi falta de diagnóstico
y fui apartada de las cirugías
que volverían a en mí hacerla renacer.

Y como Samsa grité en idioma
que nadie supo —o quiso— comprender.

Rimas de linfa

Si conviertes tu dolor, tu pesar, en arte,
aplaudirán tu muerte, tu soledad;
vitorearán tus versos, esos en los que
una parte de ti se vuelve fugaz.
¿Por qué me congratulan al la vida perder?
Al exponer la soga que me ata el cuello,
al escribir de tinta sangre mis estrofas,
al drogar la duda con poesías que, de nuevo,
me congratulan al perder mi esencia, mi latir.

BURLANDO LA ESTAFA

He de admitir
que nunca aprendo.

Que me sigo bañando en el mismo río
en el que casi me lleva la corriente;
que sigo perforando el caprichoso aire
sin paracaídas, aguardando una caída
con las falsas esperanzas de que no dolerá.

Sigo jugando seis veces a apretar el gatillo
y sigo apostando con tramposos en juegos de azar,
sin plantarme aun viendo su mano cambiar.
Vivo como si carta alta fuera de color escalera
y pareja, asegurada victoria.

Sigo montándome en aviones que sé
que no despegarán jamás
y sigo explorando bosques que quedan
aún por cartografiar.

La vida me empapa, salí sin paraguas,
y me quema por falta de crema solar,
me seca por falta de agua dulce
e, irónicamente, me mata por falta
de algo de lo que poder tirar.

Y aunque el Diablo por viejo sepa más,
siempre es divertido como experta actuar
e ignorar mi caída, tropezar con el aire.

Ignorarla hasta no ver más que de luz punto en el cielo
y saber que por más que estire el brazo, no voy a llegar.

CICATRICES DEL ALMA

¿Qué es el miedo?
¿Es acaso una ilusión
o una indeseada realidad?
El pensar en un futuro negro,
nulo,
que vierte abyecta agonía.
Sofocante.

Siento cómo algo brota en el terreno yermo de mi pecho.
No sé muy bien el qué.

Me doy cuenta de que nadie ha cortado mi piel,
pero aun así estoy sangrando
y me convenzo de que no sé muy bien por qué.

Espinas y dagas

Tratar de recomponer mi alma rota
fue de igual utilidad que ocultarme
tras sábanas blancas como la nieve
que creía que me resguardarían.

Resguardarme de aquel sombrío monstruo
que me acecha cada noche vilmente,
envuelto en abrumadores susurros
que apuñalan mi pecho sin piedad.

Le temo a ese monstruo de la penumbra,
ese al que muchos llaman «soledad»
que, sin duda, es experto en torturar
y en someter a mi alma a castigos.

Carcomido por un cruel sufrimiento
raíz de una eterna cautividad.

ÓPERA MUDA

Soy la copa que con su tintineo quiebra;
gritando sus bordes, molesta soprano,
que a mudez quedan reducidos.
Al hacerme añicos me estremezco endeble
y aun sin cuerdas esbozo un último aullido
con tal de acabar de romper mis cimientos,
con tal de hacerme una con la arena.

Madera nubla mi visión luminosa,
encerrando entre estanterías mi grano.

DE MANZANA DAME CORAZÓN

Posa tus labios sobre los insultos
que en mi cuerpo pintas y acaricia
el cartel que en mi frente clavas
y del que brotan hilos color carmesí.

Desnúdame con las miradas
con las que tanto jugaste a probar
mi paciencia, a probar un límite
que me grabaste en el alma.

Regálame la flor cuya espina clavaste,
los suspiros compuestos de gritos y
el *calor que heló mi corazón* en uno
de esos muchos poemas que lloré.

Y, entonces, tápame de nuevo los moratones
con pétalos de clavel.

Partituras borrosas

Mi banda sonora es un piano de teclas rotas;
una guitarra desafinada, sin clavijas.
Una voz temblorosa, que a escombros
reducida queda al mirarse a los ojos.

Mi felicidad se encierra en frágil cubierta
y escapa de mis manos a una atmósfera incierta;
se desinfla, se pierde, explota,
tira de mi muñeca cuerda,
mordiendo mi piel.

Soneto a un espectro

¿Dónde ves tu verso más que en mi piel?
Sus suaves susurros de tinta son,
tinta que bombea este corazón,
corazón dulce no menos que miel.

Prendada de ti cual sirviente fiel,
rasguñas de mente mi camisón.
Yo, Proserpina tuya, dios Plutón,
probé en tu labio semilla buriel.

Y tú, que fundes de mente mi escudo,
te asientas en ella y viertes tu tinta
sin importar a resinas mi alergia.

Y tú dejas mi corazón desnudo,
finges abrazo y lo ahogas con cinta.
Homicidio, inevitable sinergia.

LA FORTUNA REPLICAR

Pinto el techo de negro y coloco
abalorios perlados, creyéndome libre;
riego un falso prado, me tumbo,
haciendo reír a mis pies desnudos;
de cartón pasteles me digné a cocinar,
a ver si así mi ventura parece real.

Ignoro de mi vientre sangre que emana;
ignoro dolor, ignoro las ganas
de poder ignorarlo del todo.

Ignoro de marfil tu colmillo, evoco
destellos de placer efímeros, caducos,
ignorando que de imprudencia peco.

Ignoro que mi boca he cosido,
tal vez por no gritar, o quizás
por no tener que dejar de ignorar.

Lagos salados

Y sin sentir los brazos sigo nadando
en busca de tierra firme
donde mi corazón flotante
posada tuviera para reposar.
Me alejo de las cadenas que
entre el abismo y negrura cristalinas
se pierden, burlescas.
Diviso el sol sobre mi superficie,
expectante de observarlo rielar
sin contar que *quemaba*
de plástico mis escamas.

No me guíes a los recuerdos del pasado

A veces, solo a veces, pienso en ti.

Pienso en ti muy de vez en cuando, quizás cuando no tengo a nadie a mi lado que me transmita aquello que tú me transmitías. El mundo se siente verdaderamente vacío sabiendo que no estás en el mío y se vuelve hueco sabiendo que no estarás tú para llenarlo.

Pareciese ya una eternidad desde que partiste. La monotonía se convierte en excepción, así como yo me convierto en nada más que una desconocida. ¿Vale la pena esperar a que nuestros caminos se vuelvan a encontrar, o habré de girar y perderme tras aquella solitaria esquina al fondo de la calle?

Esa fuerza que me dabas te la llevaste contigo sin mirar ni un momento atrás.

Y es que en mi mente reposa un agridulce recuerdo, una voz alentadora. Eso, una voz alentadora que ahora no es más que un mísero eco perdido entre otros tantos. Cuando el ruido del paso del tiempo se empeña en camuflarlos, ya no hay nada que hacer.

Eras la pieza restante de mi puzle incompleto; eras aquel tapón para mi corazón agujereado, y ahora no eres más que un triste —pero bello— recuerdo.

Lucho día y noche por no olvidar tu rostro, porque cuando una pizca de tu ser se borra de mi memoria, me veo obligada a evitar un martillo que sé que si me golpea me fragmentaría entera; no puedo contemplar la posibilidad de olvidar a quien me hizo ser lo que soy ahora.

¿No te da vergüenza? *¿No te da vergüenza saber que te llevaste una parte de mi felicidad en tu maleta?*

¿QUÉ ~~QUIERO~~ DEBO HACER?

¿Qué debo hacer? ¿Qué debo hacer conmigo misma?

¿Qué debo hacer si siento que la agonía me consume y en cataratas de agua que corren por mis mejillas se transforma? Si me corroe la desolación y la presión en mi pecho se hace tan inmensa que acapara mis venas, recorriendo mi cuerpo; si lo perdí todo por jugar con fuego, por luchar en una batalla en la que yo misma me enterré mi espada.

Una amalgama de sensaciones, sin duda.

Ya no tiene sentido hallar pesar en el cruento filo de la espada, esperando que mi herida cicatrice nada más abrir los ojos. Y, aunque cicatrice, *¿qué más daría?*, si siento que ya lo he perdido todo y la marca en mi piel ha llegado a la más honda capa.

No sé qué debo hacer.

No sé si acercarme, si quedarme, si perderme o si encontrarme; mostrarme sin armadura, frágil, ante los afilados dientes de un fatuo destino.

Siento un vacío existencial en lo que antes solía ser un pleno jardín de rosas y siento cómo mi corazón añora aquella vida perfecta de la que solía gozar. Pero, ahora, *¿qué es?* ¿Un vago recuerdo? ¿Es, quizás, una oda al pasado que no quiero dejar marchar? Porque no quiero dejarlo marchar, no quiero dejarlo volar.

¿Qué es?

Probablemente, la sensación de perderlo todo en un instante. Sin más. Perderte a ti y a los tuyos; no querer aceptar la realidad, odiarte cada día más. *Sí, podría ser eso.* O simplemente podría ser algún grito que pide socorro, de esos que mi alma ha retenido tanto tiempo.

Perdí algo que pensaba que nunca iba a perder, y saber que no lo puedo recuperar amarga mis días.

Siempre pensé que sería para siempre.

Ella

Vio cómo me derrumbaba mientras esbozaba una ligera sonrisa. Hablaba y no pronunciaba palabra, mentía y no me miraba a la cara, llevaba puesta una máscara que cubría su verdadera tez, oscurecida por una negrura que emanaba de sus entrañas.

—¿A qué esperas? —pregunté, asimilando mi destino una vez más—. Hazlo. Hazlo de nuevo. Hazlo ya.

Hizo el amago de tenderme su mano y, cuando sentí cómo me sostenía entre sus esbeltos dedos, percibí en su frialdad la calidez que tanto añoré. Cuando creí recuperar la compostura, me perdí de nuevo en aquellos ojos, que, sin darme cuenta, observaban las pocas piezas de mi ser que aún no estaban hechas añicos, buscando el punto perfecto para dar otro golpe más.

Repentinamente, nuestras manos se deslizaron y percibí de nuevo la sensación de una caída libre. En lo más profundo de mi mente creí escuchar: «Pasajeros a bordo, próxima parada, el abismo. Hemos llegado al final del trayecto». Maldije mi suerte porque supe que mi billete tan solo era de ida, y aquel era el último autobús del día.

Alcé la vista y comprobé que sus ojos aún se hallaban clavados en mí.

—Ya he hecho este trayecto muchas veces, ida y vuelta —constaté—. Estoy segura de...

—Vas a volver —susurró—. Como siempre. Te veo mejor que nunca.

Sabía que tenía razón. Siempre volvía. Aquella estación abandonada era lo último que me quedaba y me resguardaba. Era una espiral que siempre resultaba en lo mismo: era una peonza que giraba sobre sí misma, un remolino perdiéndose en el agua, un alfiler que bajaba por mi garganta y que, cuando trataba de expulsarlo, se me clavaba por dentro.

Me había rayado el filo de la peonza con el que ella jugaba sobre mi corazón, me había ahogado en sus anhelos y les había hecho caso a los puñales que con tanta elocuencia me susurraba.

Siempre volvía, sí. Por mucho que doliera la ida, más dolía la vuelta. Lo único que deseaba en los momentos de angustia era estar con ella, y de eso era consciente. En el fondo sabía que, aunque dijese lo contrario, ya se había ganado un lugar permanente en mis recuerdos. No podía escapar de ella, pero ya lo había aceptado.

—¿Eso crees? —Divisé un atisbo de esperanza que tan solo era otra muestra de mi incredulidad.

—Te ves bien. Normal, supongo. —La expresión de su cara se transformó.

Aparté la mirada con el alma en el puño.

—Será la última vez, te lo prometo. Solo necesito otro pedazo más de ti.

Fue entonces cuando, cegada por la pequeña chispa de fe que aún me quedaba, me estiré y traté de tomar su mano una vez más, solo para sentir que sus ojos ya habían reducido a escombros lo poco que quedaba de mí. Se lo había llevado todo.

Y es ahí cuando me di cuenta de que, realmente, ya no habría nada más que ofrecerle. Entonces entendí que no tenía más remedio que esperar sobre asientos de porcelana un bus de vuelta que nunca existió en primer lugar.

Morir en vida

Nadie se lo espera, o nadie se lo quiere esperar. ¿Por qué? ¿Por qué es más fácil ignorar a quienes piden ayuda? ¿Por qué es más fácil apartar la mirada, y desviarla del incierto vacío en que se hallan sumidos?

¿Por qué siento que si pido ayuda nadie me va a socorrer? ¿Cuál es el sentido de vivir en una narcisista sociedad que se rige por los caprichosos valores del egoísmo? ¿Por qué he de tragarme mis emociones, si sé de sobra que se me forma un nudo en la garganta cada vez que la realidad me dispara sus balas?

Y es que estoy atrapada en un amargo sentimiento del que siento que no hay salida. *Clávame más tu cruenta daga, Vida, pues ya me lo has quitado todo.* Ya no siento la necesidad de gritar tu nombre entre las sombras, de seducirte a ti y a tus dichosos deseos, y de besar toda tu fría razón de ser.

Dichosa seas, Vida, pues me has arrebatado aquello a lo que tú misma das nombre.

Ahora en mí solo florecen campos marchitos, sobre los restos de un alma alegre y vivaz, alumbrada por una luz parpadeante que se va apagando cada vez más; una lámpara cuya vida se acaba.

Pensándolo bien, *no sé si quiero cambiar la bombilla.*

Estoy harta de fingir que mis heridas no siguen doliendo aun cicatrizadas, pues las memorias siempre dejan rastro, dejan marca. Revivo día tras día lo que se sintió crear arte sobre un lienzo desnudo, fácilmente penetrable: revivo día tras día lo que se sintió teñir de rojo aquella muñeca, y aun así seguir en pie, «viviendo».

Quiero dejar este mundo y no quiero dejarme y quiero volar al cielo manteniéndome en tierra. Hay algo que me frena, mas no son las ganas. Parte de mí sigue pensando que la bombilla pervivirá, aunque vea cómo tenue su brillo se vuelve.

¿Qué hubiera pasado?

ÍNDICE